Te 112/15

ÉTABLISSEMENT ORTHOPÉDIQUE

DE MARSEILLE,

Créé et dirigé par le Docteur DUBREUIL.

MARSEILLE.
TYP. ET LITH. BARLATIER-FEISSAT ET DEMONCHY,
PLACE ROYALE, 7 A.

1858.

ÉTABLISSEMENT ORTHOPÉDIQUE

DE MARSEILLE,

Créé et dirigé par le Docteur DUBREUIL.

RENSEIGNEMENTS GÉNÉRAUX.

Marseille, ville de premier ordre et dont l'importance croît chaque jour, n'avait pas, il y a quelques années, d'établissement orthopédique spécialement destiné au traitement des difformités de l'enfance. Le docteur DUBREUIL, qui s'était fait connaître à Paris, par ses recherches sur les moyens d'améliorer le traitement des déviations de la colonne vertébrale, pensa alors qu'une ville qui contient trois cent mille habitants, et qui est en relation journalière avec tout le littoral de la Méditerranée, devait offrir assez de ressources pour assurer le succès d'un établissement de ce genre, qu'il y fonda au commencement de l'année 1854. Depuis cette époque, la prospérité toujours croissante de cet établissement a complètement réalisé toutes ses espérances. Il doit en grande partie cet heureux résultat aux succès qu'il a obtenus dans un grand nombre de traitements et à la bienveillance des médecins de la ville, qui croît chaque jour, à mesure que de nouveaux faits les mettent à même d'apprécier la supériorité des nouvelles méthodes qu'il emploie.

L'Établissement est situé près de la ville, au quartier des Chartreux, renommé par sa situation agréable et sa salubrité. Il se compose d'une très-belle et très-vaste habitation, située sur un coteau, en face du Jardin des Plantes. L'étendue de cette habitation et les vastes dépendances qui y sont annexées, ont permis d'y faire une installation aussi confortable qu'on pouvait le souhaiter. Un vaste jardin d'agrément, d'où l'on peut jouir d'une vue délicieuse, s'étend autour de l'établissement.

M. DUBREUIL, ayant non-seulement en vue de remédier aux difformités des enfants qui lui sont confiés, mais bien plus encore de rétablir d'une manière solide leur santé presque toujours altérée, n'a reculé devant aucun sacrifice pour avoir à sa disposition tous les moyens nécessaires pour cela. Ayant reconnu que dans presque tous les cas, les bains d'air comprimé produisaient les effets les plus salutaires, il a fait installer pour ces Bains un très-bel appareil mis en action par une machine à vapeur.

On traite dans cet établissement les déviations de la taille, les luxations, les maladies articulaires, le mal vertébral ou de pott, les pieds-bots, les contractures musculaires, les torticolis : c'est-à-dire, presque toutes les maladies chroniques de l'enfance.

ORGANISATION DE L'ÉTABLISSEMENT.

L'Établissement est dirigé par Monsieur et Madame DUBREUIL, qui l'habitent. On y reçoit, comme pensionnaires, des jeunes filles de tout âge et des jeunes garçons, seulement jusqu'à l'âge de six ans. La convenance de ne pas recevoir des garçons plus âgés dans un établissement principalement peuplé de jeunes demoiselles a imposé cette réserve. M. DUBREUIL s'entend avec les familles qui n'habitent pas Marseille pour placer les garçons plus âgés en dehors de l'établissement, dans les conditions les plus favorables à leur traitement et à leur éducation. Plusieurs moyens existent pour cela.

Les enfants admis comme pensionnaires sont traités bien plus selon les habitudes de la famille, que d'après celles des pensionnats. Monsieur et Madame Dubreuil les font manger à leur table et leur prodiguent tous les soins qu'ils pourraient attendre s'ils étaient leurs propres enfants. Rien de ce qui concerne le traitement et les soins particuliers qu'exigent les enfants n'est négligé ; Monsieur et Madame Dubreuil veillent à tout par eux-mêmes, et ne confient jamais rien d'important à des employés subalternes. L'étendue de l'établissement permet de donner aux jeunes filles les plus âgées, des chambres séparées quand elles en manifestent le désir.

L'éducation n'est point négligée ; des maîtres viennent chaque jour à l'établissement donner leurs soins aux enfants, et sans qu'on exige rien d'eux qui soit incompatible avec leur traitement ; ils sont à même de faire autant de progrès que dans un bon pensionnat. La grande proximité de la paroisse des Chartreux leur permet d'accomplir régulièrement leurs devoirs religieux, sans fatigue et sans préjudice pour le traitement. La plus grande liberté est laissée à ceux qui appartiennent à un autre culte, et aucune influence contraire aux vues des familles n'est exercée sur eux.

CONDITIONS.

Nous n'imposons rien pour le trousseau ; il nous suffit que les enfants soient munis de tout ce qui est raisonnablement nécessaire pour leur entretien. Nous exigeons ordinairement la fourniture de la literie ; cependant, quand les parents sont trop éloignés pour pouvoir expédier facilement ces objets, nous nous arrangeons avec eux pour les en dispenser. Le blanchissage peut avoir lieu à l'établissement ou en dehors, selon la volonté des parents.

Nous ne pouvons pas fixer ici le prix de la pension d'une manière positive ; il peut varier selon la gravité des cas, la durée du traitement et les exigences particulières des familles ; mais nous pouvons assurer que nos conditions sont pour le moins aussi modérées, que celles d'aucun autre établissement, et que nous savons nous conformer à toutes les situations.

Plusieurs de nos traitements, par l'emploi d'une méthode nouvelle créée par le docteur Dubreuil, étant beaucoup plus rapides que par les procédés qui sont encore suivis aujourd'hui dans tous les autres établissements, il peut en résulter dans beaucoup de cas, une économie considérable. Quelques exemples vont prouver ce que nous avançons.

Un jeune garçon de neuf ans qui avait été condamné par un médecin orthopédiste à porter des corsets de fer et à coucher sur un lit à extension forcée jusqu'à la fin de sa croissance, c'est-à-dire, pendant neuf ou dix ans, a été guéri en six mois sans aucun appareil.

Une jeune fille de dix ans qui avait été condamnée au même traitement, pour plusieurs années, a été radicalement guérie en quatre mois, et cette guérison se soutient parfaitement depuis trois ans.

Nous avons choisi ces deux faits, parmi un grand nombre, uniquement parce que nous avons en main tous les moyens de justification et que nous pourrions, au besoin, montrer les enfants.

BAINS D'AIR COMPRIMÉ.

Les Bains d'air comprimé ont été imaginés d'après le raisonnement suivant. L'air étant très-élastique et par conséquent susceptible de se condenser fortement sous une pression supérieure à celle de l'atmosphère, il est évident que si l'on place un individu dans une cabine hermétiquement fermée et qu'on y refoule de l'air au moyen d'une pompe appropriée à cet effet, on lui en fera respirer une bien plus grande quantité sous un même volume. Comme il est démontré que c'est l'oxigène, l'un des principes constituant de l'air qui, par son introduction dans les poumons, accomplit l'un des phénomènes les plus importants de notre existence, la régénération du sang et l'excitation de la force vitale et du mouvement musculaire ; son introduction en plus grande quantité dans cet important organe, doit donc produire les effets les plus heureux, dans tous les cas où le sang appauvri, a besoin d'être régénéré, et dans tous ceux où la force vitale épuisée doit être ranimée comme dans la vieillesse et la convalescence de plusieurs maladies.

L'expérience n'a pas tardé à démontrer la justesse de ce raisonnement et les bains d'air comprimé ont bientôt été adoptés à Lyon et à Montpellier, où ils ont d'abord été mis en usage. Ils se sont montrés très-efficaces dans le rachitisme, les suffocations, la chlorose et la scrofule. C'est pour ce motif que nous avons voulu avoir, à notre disposition, un agent thérapeutique si utile dans un établissement spécialement destiné à des enfants qui sont tous, plus ou moins atteints de quelques-unes de ces affections. Nous y trouvons un auxiliaire puissant qui seconde parfaitement les moyens spéciaux employés contre leurs difformités.

Les affections dont nous venons de parler, ne sont pas les seules dans lesquelles les bains d'air se sont montrés utiles. Ils ont produit d'excellents effets dans les différentes variétés d'anémie, dans plusieurs cas de surdité, de névroses, de névralgies, dans plusieurs affections de poitrine, chez plusieurs vieillards qui leur doivent le rétablissement de leurs forces et la prolongation de leur existence ; mais c'est surtout dans le traitement de l'asthme qu'ils ont produit les effets les plus heureux. Cette terrible maladie contre laquelle la médecine n'avait encore rien trouvé de satisfaisant, est très-souvent radicalement guérie par les bains d'air et toujours au moins considérablement améliorée.

Notre appareil étant le seul à Marseille, nous l'avons mis à la disposition des malades de la ville qui peuvent en avoir besoin. Cela ne cause aucun préjudice à nos enfants qui ne l'occupent qu'une portion du jour.

DÉVIATIONS LATÉRALES DE LA COLONNE VERTÉBRALE.

Les déviations latérales de la colonne vertébrale ayant été l'objet des recherches particulières du docteur Dubreuil qui a créé, pour les combattre, une nouvelle méthode de traitement bien supérieure à toutes celles suivies jusqu'ici, et entièrement inconnue dans tous les autres établissements, nous croyons utile d'entrer dans quelques développements à ce sujet.

Les déviations latérales sont celles qui ont lieu quand la colonne vertébrale s'incline à droite ou à gauche, le plus souvent en formant une courbure qui a la forme d'un S; de sorte que si le côté saillant se trouve en haut à droite, il y a une autre saillie à gauche en bas, ce sont ces déviations qui se manifestent si souvent chez les jeunes filles et qui s'aggravent quelquefois d'une manière si fâcheuse pendant la crise de la puberté.

Dans tous les autres établissements (*), sans exception, ces

(*) Le docteur Jules Guérin, à Paris, emploie assez souvent les sections sous-cutanées dans le traitement des déviations latérales. Ces sections consistent à couper sous la peau un très-grand nombre de muscles du dos. Il obtient ainsi une certaine amélioration, mais jamais des guérisons complètes si le cas a quelque gravité. Peu de familles consentent à voir tailler ainsi leurs malheureux enfants ; aucune même n'y consentirait si elle savait qu'il existe un moyen beaucoup plus doux, plus efficace et exempt de toute espèce d'opération.

déviations sont traitées par des moyens compressifs et extensifs, destinés à allonger la colonne vertébrale et à comprimer les parties saillantes, la gymnastique et tous les autres moyens employés pour améliorer la constitution des enfants étant impuissants pour redresser à eux seuls, les déviations même sans gravité.

Dans les cas légers on emploie un corset de fer disposé de manière à soulever les épaules afin d'allonger la colonne vertébrale et à comprimer, en haut et en bas, les parties saillantes. Sous l'influence de ce corset une amélioration sensible paraît se manifester, mais si après plusieurs mois on veut le supprimer, les parties déviées reprennent aussitôt leurs formes vicieuses, comme du caoutchouc qu'on aurait allongé artificiellement. On est alors obligé de revenir au corset, qu'il faut se résigner à faire porter à l'enfant pendant un temps indéfini. Quand après plusieurs années le mal semble être limité, c'est là ce que l'on appelle bien haut une guérison, mais quelle guérison ! La colonne vertébrale n'est jamais irréprochable, les épaules soulevées par un long usage du corset sont déformées et disgracieuses, la taille est mal formée, le tronc condamné si long-temps à l'immobilité est sans souplesse et sans grâce. Si encore ce résultat était obtenu d'une manière constante, on pourrait peut-être en prendre son parti ; mais malheureusement il n'est obtenu que bien rarement. Dans la plupart des cas le corset ne suffit pas pour arrêter les progrès du mal, il faut y ajouter des moyens plus énergiques, véritables instruments de supplice qui n'aboutissent le plus souvent qu'à torturer les enfants pendant plusieurs années, sans même amener cet état disgracieux que l'on est convenu d'appeler une guérison. Encore doit-on vivement se féliciter quand les enfants soumis pendant long-temps à tous ces moyens compressifs, n'ont pas contracté des maladies organiques du cœur, du foie ou de la poitrine qui les condamnent à une fin certaine dans un délai plus ou moins prochain.

Les tristes résultats obtenus par les moyens mécaniques, dans le traitement des déviations latérales de la colonne vertébrale, ont depuis long-temps vivement impressionné le docteur Dubreuil, et la certitude qu'il a acquise que malgré tous les prodiges de la mécanique moderne l'on ne pourrait jamais en obtenir de bons résultats, par l'impossibilité absolue où l'on est de trouver des points d'appui convenables et sur lesquels on puisse, sans danger, exercer des contre-pressions énergiques, l'a déterminé à chercher un autre moyen de traitement plus efficace et exempt de toute espèce d'inconvénient. Après bien des méditations et des recherches sur cette importante question, il a été convaincu que les déviations latérales, étant presque toujours produites par un mouvement de torsion qui se transforme plus tard en courbure, il fallait obtenir des contractions musculaires qui pussent produire sur les différents points de la colonne vertébrale, des torsions en sens inverse et en même temps développer des forces dans les muscles antagonistes de ceux qui la maintiennent dans une position vicieuse. Après dix années de recherches, d'études et d'expériences incessantes, il est parvenu à guérir très-rapidement ces déviations par de simples contractions musculaires, qui ne produisent aucune douleur, aucune fatigue et qui, loin d'altérer la santé, contribuent au contraire puissamment à l'améliorer ; car sous leur influence, non-seulement la colonne vertébrale se redresse, mais la poitrine s'élargit et tous les muscles du tronc se développent. Ces contractions s'obtiennent sans aucun appareil, M. Dubreuil ayant l'enfant placé devant lui, le dirige lui-même et 25 ou 30 minutes chaque jour sont complétement suffisantes pour obtenir tout l'effet désirable.

Par ce traitement les enfants sont entièrement affranchis de de tout ce qui peut les gêner ou les faire souffrir. Le jour ils ne sont soumis à aucune espèce de contrainte, la nuit ils couchent dans les meilleurs lits possibles ou ils sont en toute liberté. Bientôt sous son influence le bas de la taille s'amincit, les épaules s'abaissent et se portent en arrière, le cou s'allonge, et l'on ne tarde pas à remarquer une tournure aussi gracieuse que possible, eu égard à la conformation naturelle de l'enfant. Remarquable contraste avec les déformations d'épaules et les raideurs de taille de l'autre système, même dans les cas réputés les plus heureux. La santé elle-même ne tarde pas à s'améliorer, sans laisser aucune crainte de ces terribles maladies organiques, conséquence si fréquentes et si funestes des longues compressions.

Pour bien faire ressortir la différence des résultats obtenus par les deux méthodes, nous allons citer quelques faits se rapportant tous à des enfants qui, avant d'être confiés à M. Dubreuil, avaient déjà subi un traitement de plusieurs années, par les moyens compressifs et extensifs.

Dans le choix de ces faits nous avons rigoureusement tenu à ne rien citer sans avoir à notre disposition tous les moyens de justifier ce que nous avançons, soit par le témoignage d'honorables confrères ou des familles elles-mêmes.

Mademoiselle L..., agée de 13 ans, avait une déviation extrêmement gràve, dont les progrès n'avaient pu être arrêtés par l'usage d'un corset de fer qu'elle avait porté pendant plusieurs années. La santé était sérieusement altérée. Dix mois de traitement l'ont mise dans une position très satisfaisante, qui se soutient parfaitement depuis 4 ans. Elle est aujourd'hui mariée, jouissant d'une santé excellente.

Mademoiselle S..., agée de 14 ans, fut présentée il y a 3 ans sur la recommandation du Docteur A., pour une forte déviation dont les progrès n'avaient pu être arrêtés par un corset de fer porté pendant 4 ans. Quatre mois de traitement ont suffi pour obtenir une guérison complète qui s'est toujours parfaitement soutenue. Elle vient de se marier jouissant d'une parfaite santé.

Mademoiselle B..., agée de 15 ans, avait une très-forte déviation qui datait de 7 à 8 ans et dont les progrès n'avaient pu être arrêtés par plusieurs traitements, et en dernier lieu par des corsets de fer de jour et de nuit qu'elle portait depuis 2 ans. Dix mois de traitement ont suffi pour la mettre dans une excellente position qui se soutient toujours parfaitement depuis 3 ans.

Mademoiselle C.., âgée de 6 ans, fut présentée sur la recommandation du Docteur R., pour une déviation qui datait de deux ans et dont les progrès ne paraissaient pas arrêtés par l'usage d'un corset de fer porté pendant plus de 18 mois; 3 mois de traitement l'ont mise dans une situation irréprochable qui se maintient toujours depuis 3 ans.

Mademoiselle A.. fut amenée à M. Dubreuil, par son médecin M. B. pour une déviation assez grave qui faisait des progrès malgré un corset de fer porté depuis 3 ans. Un médecin orthopédiste qui avait conseillé ce corset le jugeait insuffisant, et insistait auprès des parents pour employer des moyens beaucoup plus énergiques, ce qui les affligeait extrêmement à cause de la santé très-délicate de cet enfant. Quatre mois de traitement l'ont mise dans une position parfaite qui se soutient toujours depuis 3 ans.

Mademoiselle H., âgée de 13 ans, fut envoyée il y a deux ans par son médecin le Docteur S. pour une forte déviation dont les progrès ne pouvaient être arrêtés par un corset de fer porté depuis 18 mois. Six mois de séjour à l'établissement ont suffi pour obtenir une guérison qui se soutient parfaitement. Un résultat absolument semblable a été obtenu à la même époque chez une autre jeune fille de 13 ans, qui avait aussi porté inutilement pendant deux ans un corset de fer.

Mademoiselle M., âgée de 16 ans, avait subi sans succès pendant trois ans, un traitement extrêmement pénible par les moyens compressifs et extensifs. Quoique ces moyens eussent été employés presqu'au début de la maladie, ils n'avaient pu en arrêter les progrès. Sept mois de séjour à l'établissement ont suffi pour la mettre dans une situation excellente qui se maintiendra très certainement.

Nous arrêtons ici ces citations que nous pourrions étendre encore beaucoup ; mais nous pensons que les faits que nous venons de rapporter suffiront pour montrer l'impuissance des moyens ordinaires, et la grande supériorité de la méthode du Docteur Dubreuil. Nous allons terminer cet article en indiquant, d'une manière aussi précise que possible, les résultats que cette méthode permet d'obtenir.

Les déviations récentes, c'est-à-dire, celles qui sont présentées dans la première année de leur apparition, n'exigent jamais plus de trois mois de traitement pour obtenir une guérison infaillible, complète et sans aucune chance de récidive.

Les déviations plus anciennes peuvent aussi être complétement guéries, sans chances de récidives. La durée du traitement est seulement un peu plus longue, mais il faut un cas bien grave pour qu'il soit utile de prolonger le traitement pendant une année.

Les déviations très-anciennes et très-graves sont au moins susceptibles d'une très-forte amélioration si le sujet n'a pas dépassé vingt ans ; au delà de cet âge il n'y a lieu de traiter que les déviations qui se sont manifestées depuis quelques années seulement : ce cas se rencontre quelquefois.

On ne nous blessera jamais en nous demandant la justification de ce que nous venons d'avancer. Les résultats obtenus à Marseille sont tellement nombreux, que nous pouvons sans crainte de manquer à la discrétion qui est pour nous un devoir, montrer des enfants ou donner l'adresse de quelques parents qui nous y ont autorisé, et de plusieurs honorables confrères qui nous ont adressé leurs clients.

MOYENS DE RECONNAITRE, A LEUR DÉBUT, LES DÉVIATIONS LATÉRALES DE LA COLONNE VERTÉBRALE.

Les déviations latérales de la colonne vertébrale sont souvent méconnues, à leur début, par les familles, et, dans bien des cas, par les médecins qui s'efforcent de rassurer les mères sur les impressions fâcheuses que la tournure de leur enfant leur fait éprouver. La guérison de ces déviations traitées, dès le début, par la méthode du docteur Dubreuil est si prompte et si certaine, que nous croyons rendre un véritable service à plusieurs familles en leur indiquant les signes auxquels on peut les reconnaître.

La tournure de l'enfant est d'abord mauvaise, sans qu'on puisse trop se rendre compte d'où cela provient ; on lui reproche sans cesse son altitude vicieuse, mais sans succès, car elle n'est qu'un symptôme de la maladie commençante. Si on examine le dos, la ligne formée par les apophyses épineuses, ne paraît pas toujours déviée, surtout quand l'enfant est fortement courbé en avant, c'est là ce qui trompe plusieurs médecins qui se contentent de ce signe; mais si on fait une investigation plus minitieuse on remarque en haut, ordinairement à droite, une légère saillie, et en bas du côté opposé, une saillie semblable ; ces deux saillies sont formées par le soulèvement des muscles extenseurs du tronc que repoussent les apophyses transverses par suite de la torsion de l'épine. La hanche gauche, dans beaucoup de cas, paraît un peu plus élevée que la droite ; ce signe est souvent le premier que remarquent les mères en habillant leurs enfants. En avant, le sein qui correspond à la saillie du haut, est ordinairement légèrement déprimé; l'autre, au contraire, paraît un peu soulevé. Quand, plusieurs de ces signes auront pu être reconnus, on peut être bien persuadé, disent Delpech et M. Bouvier, que la maladie est commencée et qu'elle continuera de se développer, si on ne la combat pas par des moyens convenables.

BAINS DE MER.

Presque tous les enfants atteints de difformités de la colonne vertébrale ou des membres, sont envoyés aux bains de mer. Leur santé étant très-souvent altérée, nous ne blâmons pas cette pratique, nous la recommandons nous-mêmes toutes les fois que l'occasion s'en présente ; mais ce que nous blâmons et voulons chercher à détruire, c'est l'erreur dans laquelle sont plusieurs familles qui pensent que quelques saisons passées aux bains de mer suffiront pour amener la guérison de ces difformités. Erreur d'autant plus funeste, qu'elle les empêche d'avoir recours à l'époque la plus convenable, aux moyens spéciaux qui seuls peuvent en triompher. Quand plus tard désabusées elles sont obligées d'y revenir, la plupart des chances favorables n'existent plus. Les bains de mer dans les cas mêmes où ils ont produit, sur la santé, les effets les plus salutaires n'ont jamais guéri les déviations de la colonne vertébrale, ni les raccourcissements de tendons. Dans l'immense majorité des cas ils n'empêchent même pas ces difformités de faire des progrès.

GYMNASTIQUE.

La même erreur que nous venons de signaler pour les bains de mer, existe au sujet de la gymnastique. Plusieurs personnes, quelques médecins même, pensent qu'il suffit de faire faire à des enfants atteints de déviations de la colonne vertébrale, des exercices gymnastiques pour voir bientôt ces déviations disparaître. La gymnastique est certainement très-utile pour developper les forces, améliorer la santé et assouplir toutes les parties du corps. C'est dans ce but qu'elle est usitée dans tous les établissements orthopédiques, et qu'elle doit être recommandée aux enfants atteints de difformités; mais à elle seule elle est complétement impuissante pour amener le redressement d'une déviation. Nous pourrions citer, à l'appui de ce que nous avançons ici, un grand nombre d'enfants qui nous ont été présentés après avoir fait des exercices gymnastiques pendant plusieurs années. La plupart de ces enfants n'avaient, au commencement de ces exercices, que des déviations à peine apparentes qui ne s'en étaient pas moins développées ; peut-être un peu plus lentement qu'elles ne l'auraient fait sans les exercices ; c'est là probablement tout le bénéfice qu'ils en avaient retiré.

La méthode de traitement des déviations latérales de la colonne vertébrale du docteur Dubreuil, bien que consistant en contractions musculaires obtenues par la volonté seule des enfants, n'a aucun rapport avec la gymnastique proprement dite. Ces contractions s'obtiennent sans appareils et sans exercices violents. Elles sont mathématiquement calculées pour agir sur telle partie de la colonne vertébrale, tel muscle, telle partie de muscle, tel ensemble de muscles ou sur la colonne vertébrale tout entière. Elles ont exigé pour les déterminer les recherches anatomiques les plus minutieuses et des expériences sans nombre. L'importance de les faire exécuter d'une manière convenable et de les coordonner entr'elles, est telle, que M. Dubreuil ne confie jamais à personne le soin de l'aider dans cette opération, malgré le temps considérable qu'il est obligé d'y consacrer et la fatigue qui en résulte. La plus petite erreur éloignerait bientôt du but, souvent même d'une manière irrémédiable.

CONSEILS AUX PARENTS.

Nous venons de donner tous les renseignements que nous avons cru nécessaires aux parents qui ont le malheur d'avoir des enfants atteints de difformités ; il ne sera peut-être pas inutile de terminer par quelques conseils qui pourront, dans certains cas, leur éviter de grandes peines.

Le traitement des déviations latérales de la colonne vertébrale est d'autant plus court et produit des effets d'autant plus complets, qu'il est fait à une époque plus rapprochée de l'invasion du mal. Nous engageons donc fortement les parents qui ont des enfants dans ce cas, à différer le moins possible ; ils éviteront ainsi de grands soucis et beaucoup de dépenses.

Il est une autre affection de la colonne vertébrale assez commune et pour laquelle tout retard est funeste et entraîne des accidents irrémédiables, souvent même mortels. C'est le mal vertébral ou ramollissement d'une ou plusieurs vertèbres qui amène bientôt une courbure d'avant en arrière, qui plus tard produit la bosse proprement dite. Cet accident, quand il n'est pas traité dès le début, devient bientôt irrémédiable ; traité au début, on peut le guérir d'une manière à peu près certaine.

Les pieds-bots et les différentes contractures musculaires demandent aussi à être traités le plus tôt possible ; la guérison en est toujours plus complète. Si l'enfant naît avec ces difformités, il est souvent avantageux d'agir dans les six premiers mois ; les petites opérations que l'on est obligé de faire sont alors à peine senties par lui et ne laissent aucune trace. Si l'on ne peut pas agir dans les six premiers mois, l'époque la plus convenable est entre deux et trois ans.

On rencontre très-fréquemment des enfants atteints de pieds bots, de contractions des muscles de la cuisse, de paralysies partielles de l'un des membres inférieurs ou de courbures des jambes causées par le rachitisme, auxquels on fait porter depuis plusieurs années des bottines mécaniques plus ou moins compliquées. Il y a là une erreur funeste, car dans la plupart des cas ces appareils sont inutiles et même nuisibles, non-seulement par eux-mêmes, mais encore par la trompeuse sécurité qu'ils inspirent aux familles, ce qui les empêche d'avoir recours au moment le plus convenable, aux seuls moyens qui peuvent amener une guérison.

Dans les cas de pieds-bots et de contractions musculaires anciennes, la section des tendons peut seule réussir ; tous les appareils les plus compliqués portés pendant un grand nombre d'années ne produisent jamais de guérison. Dans les paralysies partielles ils sont réellement nuisibles, car c'est par le mouvement et l'exercice du membre, qu'on peut ranimer les forces et non pas par l'immobilité. Dans les courbures des os longs sous l'influence du rachitisme, les appareils en donnant une sécurité trompeuse empêchent d'avoir recours au traitement général qui seul peut attaquer le mal dans son principe et amener, par son influence, le redressement des os qui s'opère ordinairement de lui-même.

Que les familles soient bien persuadées que presque toutes les questions d'orthopédie, même celles qui paraissent les plus simples, se rattachent à des connaissances médicales de l'ordre le plus élevé et ne peuvent, par conséquent, être à la portée d'un fabricant d'appareils ou d'une faiseuse de corsets qui, n'ayant ordinairement en vue que le débit de leur marchandise, en conseillent l'emploi, quel que soit le cas qu'on leur présente.

RENSEIGNEMENTS PARTICULIERS.

Le docteur DUBREUIL est ordinairement à l'Établissement le matin jusqu'à midi et le soir après cinq heures; au milieu du jour il est à son cabinet, rue des Beaux-Arts, n° 1, où on peut le trouver d'une heure à quatre.

Le temps considérable que lui prennent les traitements et le vif désir qu'il a de ne rien négliger pour réussir dans le plus bref délai possible, l'ont déterminé à n'accepter en ville aucune clientèle en dehors des cas d'orthopédie.

Les enfants qui ne présentent que de très-faibles chances de guérison ne sont reçus à l'Établissement que quand les parents, exactement renseignés sur leur situation, insistent pour les faire admettre.

Les enfants de la ville peuvent quelquefois être traités en dehors de l'établissement ; mais M. DUBREUIL n'accepte de traitements dans ces conditions, que quand des circonstances favorables et la nature du mal ne laissent aucun doute sur le succès.

Marseille. Typ. et Lith. Barlatier-Feissat et Demonchy.

ARTICLES TRAITÉS DANS CETTE NOTICE.

	Page.
Renseignements généraux	1
Organisation de l'établissement	2
Conditions	3
Bains d'air comprimé	4
Déviations latérales de la colonne vertébrale	6
Moyens de reconnaître à leur début les déviations latérales de la colonne vertébrale	11
Bains de mer	12
Gymnastique	13
Conseils aux parents	14
Renseignements particuliers	16

MOYENS D'ARRIVER A L'ÉTABLISSEMENT.

L'Établissement est situé aux Chartreux, en face du Jardin des Plantes et près du Chemin de fer de Toulon. Pour y arriver on doit demander la place du Jardin des Plantes et se diriger vers le pont, d'où l'on voit parfaitement l'Établissement. Les omnibus de la Rose, de St.-Jérôme et de Château-Gombert, qui partent tous de la place Royale, passent devant la place du Jardin des Plantes. L'omnibus du Jardin Zoologique, partant de la Joliette et passant à la Cannebière, peut aussi servir, la distance du Jardin Zoologique à l'Établissement étant très-courte.

www.ingramcontent.com/pod-product-compliance
Lightning Source LLC
Chambersburg PA
CBHW071417060426
42450CB00009BA/1926